Mamães e Filhotes

Um livro de nomeação

Todolivro

Rodovia Jorge Lacerda, 5086 - Poço Grande
Gaspar - SC | CEP 89115-100

Ilustração:
Shutterstock

Revisão:
Tamara Beims

IMPRESSO NA CHINA
www.todolivro.com.br

Dados Internacionais de Catalogação na Publicação (CIP)
(Câmara Brasileira do Livro, SP, Brasil)

Mamães e filhotes: Quebra-cabeça Assimilação - 2 anos / Todolivro;
[Ilustração: Shutterstock].
Gaspar, SC: Todolivro, 2023.
(Todolivro Play ; 1)

ISBN: 978-65-5617-903-2

1. Literatura infantojuvenil 2. Quebra-cabeças - Literatura infantojuvenil I. Todolivro. II. Shutterstock. III. Série.

23-146641 CDD-028.5

Índices para catálogo sistemático:

1. Livro quebra-cabeças: Literatura infantil 028.5
2. Livro quebra-cabeças: Literatura infantojuvenil 028.5

Eliane de Freitas Leite - Bibliotecária - CRB 8/8415

INSTRUÇÕES DO JOGO

1. Este box contém um quebra-cabeça de assimilação com 18 peças. São nove conjuntos de duas peças.

2. Embaralhe as peças do quebra-cabeça, com as figuras voltadas para cima.

3. O objetivo é juntar a peça de cada mamãe à do seu respectivo filhote.

DICAS

1. Para começar, mostre o livro à criança, fale sobre as características dos animais e pratique lentamente com ele as atividades.

2. Avance nas atividades apenas se ela conseguir identificar o animal e executar a atividade com facilidade.

3. Ao final do livro, a criança já poderá manusear as peças do quebra-cabeça e ligar os animais correspondentes.

4. Confira, com ajuda do livro, se a criança encontrou todos os pares.

Cuidados com as peças:

- Guardar dentro da caixa em local seco e arejado.
- Não expor à alta temperatura.
- Não molhar, dobrar, perfurar, colar ou riscar.
- Evitar atrito excessivo nas bordas para não danificar as camadas do cartão.
- Para limpar, use um pano seco ou levemente úmido apenas nas superfícies.

GIRAFA

OLÁ, VOCÊ ME
CONHECE?
SOU UMA GIRAFA.
SOU MUITO ALTA,
POIS TENHO PERNAS
COMPRIDAS E UM
LONGO PESCOÇO.

AJUDE A MAMÃE GIRAFA A ENCONTRAR SEU
BEBÊ SEGUINDO A LINHA PONTILHADA.

OLÁ, AMIGUINHO!
EU SOU UMA GRANDE
ELEFANTA.
TENHO UMA LONGA
TROMBA QUE UTILIZO PARA
COMER, BEBER ÁGUA E
ABRAÇAR.

ELEFANTA

AJUDE A MAMÃE ELEFANTA A ENCONTRAR SEU BEBÊ. ELE É MUITO INTELIGENTE E PODE SE ESCONDER, POR ISSO, SIGA A LINHA PONTILHADA.

OLÁ, EU SOU UMA
ZEBRA. TENHO LISTRAS
POR TODO O MEU
CORPO.

ZEBRA

AJUDE A MAMÃE ZEBRA A ENCONTRAR SEU BEBÊ. ELE É MUITO RÁPIDO. CUIDADO PARA NÃO PERDÊ-LO DE VISTA!

FLAMINGO

OLÁ, VOCÊ JÁ ME VIU?
EU SOU UM FLAMINGO.
SOU ROSA, POIS COMO
ALGAS E CRUSTÁCEOS.

AJUDE A MAMÃE FLAMINGO A ENCONTRAR SEU
BEBÊ. ELE ESTÁ ANDANDO NO LAGO.
SIGA A LINHA PONTILHADA PARA ENCONTRÁ-LO.

ORNITORRINCO

SIGA A LINHA PONTILHADA E AJUDE A MAMÃE ORNITORRINCO A ENSINAR SEU BEBÊ A NADAR.

OLÁ, EU SOU UMA CORUJA. VOCÊ JÁ ME VIU?
DURANTE O DIA, COSTUMO DORMIR; À NOITE, SAIO PARA VOAR.

CORUJA

O BEBÊ CORUJA ESTÁ APRENDENDO A VOAR, SALTANDO DE GALHO EM GALHO.

VAMOS SEGUI-LO PELA LINHA PONTILHADA.

TARTARUGA

OLÁ, SOU UMA
TARTARUGA!
TENHO UM CASCO
DURO QUE USO PARA
ME PROTEGER.
POSSO VIVER NO MAR
E NA TERRA.

O BEBÊ TARTARUGA ACABOU DE SAIR DO OVO E ESTÁ A CAMINHO DE SE ENCONTRAR COM SUA MÃE NO MAR.

VAMOS AJUDÁ-LO SEGUINDO A LINHA PONTINHADA.

LEOA

OLÁ, EU SOU UMA
LEOA!
SOU MUITO RÁPIDA E
ÁGIL.

VAMOS CAÇAR
COM A MAMÃE LEOA
E SEU FILHOTE LEÃO.

MOSTRE QUE VOCÊ
TAMBÉM É ÁGIL.

OLÁ, EU SOU UMA GORILA. VOCÊ JÁ ME VIU?
EU VIVO NA FLORESTA E USO MEUS PÉS E MÃOS PARA SUBIR EM ÁRVORES.

GORILA

O BEBÊ GORILA É MUITO SAPECA E SUBIU NA ÁRVORE.

VAMOS AJUDÁ-LO A DESCER, EM SEGURANÇA, ATÉ SUA MAMÃE?

VOCÊ CONSEGUE ENCONTRAR
TODOS OS ANIMAIS?

PARABÉNS! AGORA VOCÊ JÁ ESTÁ PREPARADO PARA JOGAR. UTILIZANDO AS PEÇAS DO QUEBRA-CABEÇA, ENCONTRE AS MAMÃES E OS FILHOTES QUE COMBINAM.

ELEFANTA

GIRAFA

ZEBRA

FLAMINGO

ORNITORRINCO

CORUJA

TARTARUGA

LEOA

GORILA